ITIÉ

AMOUR Ver

ART

Trois Essais d'EMERSON

Traduits de l'Anglais par E. D.

MAYENNE

IMPRIMERIE POIRIER-BEALU

1897

AMITIÉ

AMOUR

ART

Trois Essais d'EMERSON

Traduits de l'Anglais par E. D.

MAYENNE

IMPRIMERIE POIRIER-BEALU

1897

Ces essais sont traduits presque mot à mot, et les tournures anglaises, souvent même particulières à Emerson sont soigneusement conservées, ainsi que l'enchaînement plus ou moins suivi des idées, il en résulte une certaine bizarrerie de style et de composition qui pourra étonner le lecteur, mais qui lui donnera un reflet plus exact de l'originalité si personnelle de l'auteur.

E. D.

« Par un long noviciat, par l'épreuve de
beaucoup de pensée, nous devons nous élever
— non dans la faveur d'une heure, mais habituellement — à une abstraction, un idéa-
lisme que dans leurs années les plus sages,
même parmi les hommes les plus sages, combien peu atteignent ! Cependant, jusqu'à ce
que nous soyons ainsi bénis, nous ne connaissons pas la vraie divinité de la contemplation,
ni la toute suffisante puissance de la conscience de soi ; ni ne pouvons-nous solennel-
lement nous retirer dans ce sanctuaire des
sanctuaires de nos âmes, où nous apprenons
et sentons combien notre nature est capable
de l'existence d'un Dieu ! »

BULWER. *(Rienzi).*

AMITIÉ

Nous avons beaucoup plus de
bienveillance qu'on n'en a jamais
parlé. Malgré tout l'égoïsme qui
transit le monde comme un vent
d'Est, toute la famille humaine est
baignée d'un élément d'amour semblable au subtil éther. Combien de
personnes rencontrons-nous dans les
maisons, auxquelles nous parlons à
peine, que cependant nous honorons
et qui nous honorent ! Combien nous
en voyons dans la rue ou près desquelles nous siégeons à l'église, et
avec lesquelles, en silence, nous
jouissons vivement d'être ! Lis le
langage de ces regards errants. Le
cœur le comprend.

L'effet de l'indulgence de cette
affection humaine est une certaine

hilarité cordiale. En poésie, et dans le discours ordinaire, les émotions de bienveillance et de joie que nous ressentons à l'égard les uns des autres sont parallèles aux effets matériels du feu ; aussi rapides et beaucoup plus rapides, plus actifs et plus réjouissants sont ces beaux rayonnements intimes. Du premier degré de l'amour passionné au dernier de la bonne volonté, ils font la saveur, le charme, la douceur de la vie.

Notre puissance intellectuelle et active croît avec notre affection. L'homme instruit écrit, et toutes ses années de méditation ne lui fournissent ni une bonne pensée ni une heureuse expression ; mais s'il doit écrire une lettre à un ami, aussitôt des troupeaux de douces pensées se revêtent, plein ses deux mains, d'expressions choisies. Vois, dans toute maison où la vertu et le respect de soi-même habitent, la palpitation que donne l'arrivée d'un étranger; un malaise qui tient du plaisir et de la douleur envahit tous les cœurs de la maisonnée. Son arrivée fait presque peur aux bonnes âmes qui veulent

lui souhaiter la bienvenue. La maison
est époussetée, toutes les choses
volent à leur place, le vieux manteau
est changé contre un neuf, et il faut
dresser un dîner si possible. De l'é-
tranger, il n'a été fait que de bons
rapports, le bien et le nouveau seuls
nous sont rapportés. Il nous représente l'humanité. Il est ce que nous
voulons. Nous l'étant imaginé et
l'ayant revêtu, nous nous demandons
comment nous mettre en rapport
par la conversation et l'action avec
un tel homme, et la crainte agite nos
pensées. La même idée élève notre
conversation avec lui. Nous parlons
mieux qu'à l'ordinaire. Nous avons
l'imagination la plus agile, une mémoire plus riche et le démon muet
nous laisse pour un temps. Pendant
de longues heures nous pouvons
dérouler une série de communications sincères et gracieuses, tirées
de la plus vieille et la plus secrète
expérience, tellement que nos parents
et connaissances sont vivement surpris de ces facultés inhabituelles.
Mais aussitôt que l'étranger commence à imposer ses partialités, ses
définitions, ou ses défauts, tout est

fini. Il a entendu pour la première
et la dernière fois le meilleur qu'il
entendra jamais de nous. Ce n'est
plus un étranger, car la vulgarité,
l'ignorance, les méprises, sont de
vieilles connaissances. Maintenant
quand il viendra, il pourra obtenir
l'ordre, la grande tenue et le dîner,
mais plus le battement du cœur, ni
les communications de l'âme.

Qu'y a-t-il d'aussi charmant que
ces jets d'affection qui vous font
naître à nouveau dans un monde
inconnu? Quoi d'aussi délicieux que
l'exacte et ferme rencontre de deux
âmes dans une pensée ou une émotion? Qu'elles sont ravissantes à
leur approche de ce cœur palpitant,
la marche et la forme de l'Abandon
et du Vrai! Du moment où nous
laissons battre nos cœurs, la terre
est métamorphosée; il n'y a plus
d'hiver ni de nuit; toutes les tragé-
dies, tous les ennuis s'évanouissent,
tous les devoirs même; car la beauté
toute radieuse qui s'échange d'âme
à âme remplit à elle seule l'avenir
éternel. Si l'âme est sûre qu'elle peut
rejoindre son amie quelque part
dans l'univers elle sera contente et

joyeuse pendant mille années de
solitude.

Je me suis éveillé ce matin en
rendant grâces pour mes amis anciens et nouveaux. N'appellerai-je
pas Dieu le Beau qui se montre ainsi
journellement à moi dans ses dons?
Je blâme la société, j'embrasse la
solitude, et pourtant je ne suis pas
assez ingrat pour ne pas voir le bien,
le beau, et le noble qui, de temps à
autre, ouvrent la grille de mon jardin. Celui qui m'entend et me comprend devient mien pour toujours.
Et la nature est prodigue de ces
joies, ainsi nous tissons de nouvelles
fibres sociales ; et comme la succes-
sion de beaucoup de pensées voit
toujours leur établissement, nous
allons tout à l'heure nous élever à
un monde nouveau sorti de nos
mains, et nous ne serons plus des
étrangers et des pèlerins dans un
monde traditionnel. Mes amis sont
venus à moi sans que je les ai
cherchés. Dieu me les a donnés. Par
le droit le plus ancien, par la divine
affinité de la vertu avec elle-même,
je les trouve, ou plutôt non pas moi,
mais la Divinité qui est en moi et en

6

eux tourne en dérision et résoud les
barrières qu'élèvent le caractère
individuel, la parenté, l'âge, le sexe,
ou la circonstance, toutes choses sur
lesquelles Elle ferme habituellement
les yeux. Que de remercîments ne
vous dois-je pas, ô précieux amis
qui me faites découvrir de nouvelles
et nobles profondeurs dans la Nature, et qui dilatent le sens de toutes
mes pensées. Ah ! antique et jeune
poésie du premier Barde et du
dernier poète, chant ininterrompu,
hymne, ode, et idylle, poésie encore
inachevée, chant éternel et silencieux
des Muses ! Pourrais-tu maintenant
te séparer de moi, ou répondre
moins haut quand j'appelle ? Je ne
sais, mais je ne crains pas, car notre
liaison est si pure, que la simple
affinité la maintient, et le Génie de
ma vie étant social, la même affinité
exercera son énergie en quelque lieu
que je sois, sur quiconque est aussi
noble que ces hommes et ces
femmes.

Je confesse une extrême sensibilité
naturelle à cet égard. Il m'est presque dangereux « d'exprimer le doux
poison du breuvage dédaigné » des

affections. La présence d'une nouvelle personne est un grand événement pour moi, et chasse mon som-
meil. J'ai souvent eu de belles
passions qui m'ont fait passer des
heures délicieuses; mais leur joie
finit avec la journée et ne produit
aucun fruit. Une pensée n'en est pas
sortie; et ma manière d'agir s'est à
peine modifiée. Je dois concevoir
de l'orgueil des perfections de
mon ami comme si elles étaient
miennes, et un droit de propriété
sur ses vertus. J'entends sa louange
avec autant de chaleur qu'un fiancé
qui entend applaudir sa bien-aimée.
Nous estimons par-dessus tout la
conscience de notre ami. Sa bonté
semble meilleure que la nôtre, sa
nature plus belle, et ses tentations
moindres. L'imagination embellit
tout ce qui lui appartient, son nom,
sa silhouette, sa mise, ses livres, et
ses instruments. Notre propre pensée retentit fraîche et plus ample de
sa bouche.

Cependant le systole et le diastole
du cœur dans l'amitié ne sont pas
sans analogie avec le flux et le reflux
de l'amour. L'amitié, comme l'im-

mortalité de l'âme, est trop belle
pour qu'on y croie. Dans l'amour,
en regardant une jeune fille, l'homme
sait à moitié qu'elle n'est pas réelle-
ment ce qu'il adore ; et aux heures
dorées de l'amitié, nous sommes
surpris par des ombres de soupçon
et d'incrédulité. Nous doutons de
pouvoir donner à notre héros la
valeur qui éclate en lui, et ensuite
nous adorons la forme à laquelle
nous avons attribué cette habitation
divine. A vrai dire, l'âme ne respecte
pas les hommes autant qu'elle se
respecte. Sciemment tout le monde
pose la même condition d'éloigne-
ment. Pourquoi craignons-nous de
refroidir notre amitié en exploitant
les fondations métaphysiques de ce
temple Elyséen ? Ne suis-je pas aussi
vrai que les choses que je vois ? Si
je le suis, je ne crains pas de les
reconnaître pour ce qu'elles sont.
Leur essence n'est pas moindre que
leur apparence, encore qu'elle néces-
site de plus fins organes pour être
saisie. La racine de la plante n'est
pas invisible à la science, quoique
pour des chapelets et des guirlandes
nous en brisions la tige. Et je veux

hasarder l'expression d'un fait cru
au milieu de ces aimables rêveries,
même s'il doit produire l'effet d'un
crâne Egyptien dans notre banquet :
Un homme qui ne fait qu'un avec
ses pensées a une magnifique concep-
tion de lui-même. Il a conscience
d'un succès général, bien qu'acheté
par des insuccès particuliers. Aucun
avantage, aucun pouvoir, aucun or,
ni aucune force ne peuvent lutter
avec lui. Je ne peux pas choisir,
mais je me fie plus à ma pauvreté
qu'à ta richesse. Je ne peux pas
rendre ton sentiment intime égal au
mien. Seulement une étoile étincelle,
et la terre a une clarté douce comme
un rayon de lune. J'entends le pané-
gyrique des talents admirables et du
sang-froid de celui que tu loues,
mais je sens bien que tous ces man-
teaux de pourpre ne me le feront
pas aimer s'il n'est pas après tout
un pauvre grec comme moi. Je ne
peux pas nier, ô ami, que l'ombre
immense du Phénoménal te com-
prenne aussi dans son immensité
bigarrée, toi aussi, en comparaison
de qui tout est ombre. Tu n'es pas
un Etre comme la Vérité ou comme

la Justice, tu n'es pas mon âme, mais un tableau et une effigie de tout cela. Tu es venu à moi il y a peu de temps, et déjà tu saisis ton chapeau et ton manteau. N'est-ce pas que l'âme laisse sortir les amis, comme l'arbre les feuilles qui vont tomber pour la germination de nouveaux bourgeons ? La loi de nature est « changement éternel ». L'électricité positive appelle la négative. L'âme s'environne d'amis pour acquérir une plus profonde connaissance d'elle-même et une plus grande solitude ; et elle se retire un temps pour exalter son nouvel état d'âme, et son nouveau monde. Cette loi s'accomplit tout le long de l'histoire de nos amitiés. L'instinct de l'affection ravive en nous un espoir d'union avec nos frères, et le retour de l'esprit d'isolement nous rappelle de ces réunions aimables et bienfaisantes. Ainsi tout homme passe sa vie à la recherche de l'amitié, et s'il laissait parler son vrai sentiment, il écrirait une lettre ainsi conçue à tout nouveau candidat pour elle :

Cher ami,

Si j'étais sûr de toi, de ta capacité, et d'allier mon humeur à la tienne, je ne m'occuperais plus jamais des causes futiles de tes allées et venues. Je ne suis pas très sage ; mon caractère est très vulnérable, et je respecte ton génie ; il est pour moi comme encore insondable ; jusqu'ici je n'ose présumer en toi une parfaite connaissance de moi, et tel tu m'es un délicieux tourment.

A toi toujours, ou jamais.

Toutefois ces joies inquiètes et ces douleurs subtiles sont trop délicates pour la vie. Il ne faut pas s'y abandonner. Elles ne tissent que des toiles d'araignée. Nos amitiés se hâtent à tirer d'étroites et pauvres conclusions, parce que nous en avons fait un tissu de rêve et de mensonge, au lieu de la fibre immortelle du cœur humain. Les lois de l'amitié sont austères et éternelles, intimement liées à celles de la nature et de la morale. Mais nous n'avons eu en vue qu'un prompt et petit profit, pour en aspirer une douceur immédiate. Nous arrachons le

fruit le plus tardif du jardin divin
que beaucoup d'étés et d'hivers doivent encore mûrir. Nous ne recher-
chons pas saintement notre ami,
mais avec une passion égoïste pour
nous l'approprier. En vain. Nous
sommes armés d'antagonisme des
pieds à la tête, lequel aussitôt que
nous nous rencontrons, commence
à se mouvoir, et convertit toute
poésie en prose. On descend presque
toujours pour se rencontrer. Toute
association est un compromis, et, ce
qui est pire, la simple floraison et
l'arôme de chaque belle nature dis-
paraît au moment où elles s'abor-
dent. Quel désappointement perpé-
tuel dans la société actuelle, même
des plus vertueux et des plus riche-
ment doués ! Après une entrevue
obtenue par une longue prémédita-
tion, nous sommes tourmentés par
des froissements, de soudaines et
importunes apathies, des épilepsies
morales, dans l'ardeur de l'amitié et
de la pensée. Nos forces nous trom-
pent, et la solitude devient un sou-
lagement.

Je devrais être à la hauteur de
toute relation. Le nombre de mes

amis ne signifie rien, ni le plaisir
que me procure leur conversation,
s'il y en a un que je n'atteins pas. Si
je me suis retiré inférieur d'un débat,
la joie que je trouve dans tous les
autres devient mesquine et lâche. Je
me haïrais si alors je me faisais
asile de mes autres amis.

« Le vaillant guerrier fameux par ses combats,
Après cent victoires, une fois invainqueur,
Est effacé du livre de gloire,
Et tout le reste s'oublie pour lequel il a tra-
[vaillé. »

Notre impatience est ainsi brus-
quement châtiée. La timidité et l'a-
pathie sont une écale épaisse et
flexible qui protège l'organisation
délicate d'une maturité trop précoce.
Elle serait perdue si elle se connais-
sait avant qu'aucune des âmes les
meilleures soient encore assez mûres
pour la connaître et l'aimer. Respecte
la lenteur de la nature qui laisse
durcir le rubis pendant un million
d'années, et dont le travail éternel
manie les Alpes et les Andes. Il n'est
pas de ciel pour prix de la témérité.
L'amour qui est l'essence de Dieu,
n'est pas une gracieuse folie, mais la

valeur même, la dignité, la force, la
richesse, le droit, la sagesse, la grandeur et la gloire de l'homme. N'ayons
pas ces questions enfantines dans
nos regards, mais la grandeur la
plus austère ; approchons notre ami
avec une foi audacieuse dans la
loyauté de son cœur, dans la profondeur impossible à violer de son
âme.

L'attraction de ce sujet n'est pas
faite pour qu'on y résiste, et je
laisse de côté pour le moment la
question de l'avantage social pour
ne parler que de ces rapports sacrés
et selects, en quelque sorte absolus,
qui laissent même le langage de l'a-
mour suspect et ordinaire tant ils
sont purs, et il n'en est pas de plus
divins.

Je ne veux pas traiter délicatement
de l'amitié, mais avec le courage le
plus âpre. Quand elle est réelle, elle
n'est pas de verre ni de glace, mais
ce qu'il y a de plus solide au monde.
Car maintenant, après tant de siècles
d'expérience, que savons-nous de la
nature et de nous-mêmes ? L'homme
n'a pas fait un pas vers la solution
du problème de sa destinée, et dans

une folle condamnation gît l'univers
entier. Mais la sincérité si douce de
joie et de paix que je retire de l'alliance avec l'âme de mon frère est
la noix même dont toute la nature et
toute la pensée ne sont que la co-
quille. Heureuse est la maison qui
abrite un ami ! Elle pourrait être
ornée comme une maison de fête ou
un arc de triomphe pour le recevoir
un seul jour. Plus heureuse encore
s'il reconnaît la solennité de cette
relation et honore sa loi ! Celui qui
aspire à ce pacte s'avance comme
un Olympien aux Grands Jeux où
concourent les premiers-nés du
monde. Il se propose pour des combats où le Temps, le Besoin et le
Danger sont en lice, et celui-là seul
est vainqueur qui a assez de foi dans
son caractère pour préserver sa délicate beauté de leurs avaries. Les
dons de la Fortune présents ou
absents, tout le succès du combat
dépend de la noblesse intrin-
sèque et du mépris des futilités.
L'amitié a deux éléments, chacun si
indispensable que je ne peux découvrir de supériorité à aucun, il n'y a
pas de raison pour en nommer un

avant l'autre. L'un est Vérité. Un
ami est quelqu'un avec qui je peux
être sincère. Je peux penser tout
haut devant lui. Je suis arrivé fina-
lement en présence d'un homme si
vrai que je peux même laisser tomber ces derniers vêtements de dissi-
mulation, de courtoisie, et ces se-
conds mouvements dont l'homme ne
se dépouille jamais, et me rencontrer
avec lui aussi simplement et aussi
absolument qu'un atome chimique
en rencontre un autre. La sincérité,
comme les diadèmes et l'autorité, est
le luxe permis seulement aux plus
hauts placés, lesquels peuvent avoir
leur franc parler, n'ayant personne
au-dessus d'eux à courtiser ni à qui
se conformer. Chaque homme seul
est sincère, mais si quelqu'un s'a-
vance, l'hypocrisie intervient. Nous
esquivons l'approche de notre semblable par des compliments, des
bavardages, des amusements, des
affaires. Nous lui voilons notre pensée sous des replis sans nombre. J'ai
connu un homme qui sous l'empire
d'une frénésie religieuse, rejetant ces
draperies et négligeant tous compliments et lieux communs, parlait à la

conscience de chaque personne qu'il
rencontrait, et cela avec une grande
vue intérieure et une grande beauté.
On lui a résisté au commencement
et tout le monde était d'accord qu'il
était fou. Mais persistant quelque
temps dans cette manière, ce dont à
vrai dire il ne pouvait s'empêcher,
il eut l'avantage de parvenir à des
rapports vrais avec tous les hommes
de sa connaissance. Nul n'aurait
pensé à lui parler déloyalement ou
à le chasser par des babils de salon.
Mais il contraignait tout le monde à
une égale franchise, et à montrer
quel était son amour pour la nature,
sa poésie, et son symbole de vérité.
La plupart du temps la société ne
nous montre pas son front, mais son
dos. Revenir à de vraies relations
dans un siècle perfide équivaut à un
accès de folie, n'est-ce pas? Nous
pouvons rarement aller tout droit.
Presque tout homme que nous rencontrons requiert des civilités et des
flatteries, il a quelque renommée,
quelque talent, quelque caprice religieux ou philanthropique en tête,
lequel ne doit pas être mis en question et gâte la conversation. Mais un

ami est un homme sain d'esprit qui n'exerce pas mon ingénuité, mais moi-même. Il me reçoit sans rien stipuler de moi. Un ami est donc une sorte de paradoxe. Moi qui suis solitaire et qui ne vois rien dans la nature dont je puisse m'affirmer l'existence avec une preuve exacte, je considère maintenant l'image de mon être dans toute sa hauteur, sa variété, sa délicatesse, en une forme étrangère, de sorte qu'un ami peut être considéré comme le chef-d'œuvre de la nature.

L'autre élément de l'amitié, c'est la tendresse. Nous sommes retenus les uns aux autres par toutes sortes de liens, par le sang, l'orgueil, la crainte, l'espoir, le gain, l'envie, la haine, l'admiration, et toute circonstance, toute insigne ou vétille, mais nous pouvons à peine croire que tant de caractère puisse subsister chez un autre au point de nous attirer par amour. Se peut-il qu'un autre soit si béni, et nous si purs, que nous puissions lui offrir notre tendresse? Quand quelqu'un me devient cher, j'ai atteint le but. On a très peu écrit sur cette force. Et cependant il

y a un texte que je ne peux m'empêcher de me rappeler. Mon auteur
dit : — « Je me suis offert timidement
et aveuglément à ceux auxquels j'ap-
partiens pour atteindre le but que je
me propose, et je me donne moins à
celui auquel je suis le plus dévoué. »
Je voudrais que l'amitié eût des
pieds, ainsi que des yeux et de l'éloquence. Il faut qu'elle se pose sur la
terre avant de voltiger dans les régions étoilées. Je voudrais qu'elle
soit un peu citadine avant d'être
tout à fait chérubin. Nous blâmons
le citadin parce qu'il fait de l'amour
une marchandise. C'est un échange
de présents, d'emprunts utiles ; un
bon voisinage ; il veille les malades ;
tient le cordon du poêle aux obsè-
ques ; et perd complètement de vue
les délicatesses et la noblesse de
l'intimité. Mais quoique nous ne
puissions pas trouver le dieu sous
ce déguisement de vivandier, d'un
autre côté, nous ne pardonnons pas
au poète de filer son lin trop fin, et
de ne pas substancier sa fiction par
les vertus communes de justice, de
ponctualité, de fidélité et de pitié. Je
hais la prostitution du nom de l'ami-

tié quand il signifie des alliances à la
mode et mondaines. Je préfère de
beaucoup la compagnie des garçons
de ferme et des étameurs à l'amitié
pimpante et parfumée qui célèbre
ses rendez-vous par des étalages
frivoles, des courses en voiture, et
des dîners aux meilleurs hôtels. Le
but de l'amitié est le plus étroit et le
plus simple commerce d'idées, de
sentiments qui puisse être atteint ;
plus étroit qu'aucun de ceux dont
nous avons l'expérience ; l'aide et la
consolation par les chemins et les
traversées de la vie et de la mort. Il
est bon pour les jours sereins, les
présents grâcieux, et les jolies pro-
menades, mais aussi pour les chemins raboteux, et la nourriture gros-
sière, les naufrages, la pauvreté et
la persécution. Il va de pair avec les
échappées de génie et l'extase religieuse. Nous devons nous ennoblir
les besoins et les devoirs journaliers
de la vie l'un à l'autre et l'embellir
par le courage, la sagesse et l'unité.
Ce ne devrait jamais tomber dans
quelque chose d'ordinaire et d'établi,
mais être toujours alerte, inventif, et
ajouter une rime et une raison aux
occupations basses et pénibles.

On peut dire que l'amitié demande
des natures si rares et si magnifi-
ques, chacune si bien trempée, si
heureusement adaptée, et en même
temps placée dans de telles condi-
tions (car même pour l'amitié, a dit
un poète, il faut des individus assor-
tis), que sa satisfaction est très rarement assurée. Certains savants dans
cette science du cœur disent qu'elle
ne peut subsister dans sa perfection
à plus de deux. Je ne suis pas tout à
fait aussi rigoureux dans mes condi-
tions, peut-être parce que je n'ai
jamais eu de relation si élevée que
d'autres. Je satisfais plus mon imagination avec un cercle divin d'hommes et de femmes différemment alliés
les uns aux autres, et entre lesquels
subsiste une intelligence sublime.
Mais je reconnais que cette loi de
un à un est absolue pour la conversation qui est l'exercice et la con-
sommation de l'amitié. Ne mêlons
pas trop les eaux. Les meilleures se
mêlent aussi mal que le bon et le
mauvais. Vous aurez des entretiens
utiles et réjouissants à différents
moments avec deux hommes différents, mais allez tous les trois en-

semble et vous n'aurez pas un mot
neuf et partant du cœur. Deux peuvent parler et un peut écouter, mais
trois ne peuvent pas prendre part à
une conversation de nature sincère
et pénétrante. En bonne société, il
n'y a jamais de ces conversations
entre deux personnes, à travers la
table, qui ont lieu quand vous les
laissez seules. Les individus perdent
leur égotisme qui est exactement
extensible aux diverses consciences
présentes. Les faiblesses d'ami à
ami, les folles tendresses de frère à
sœur, de mari à femme, ne sont pas
à propos là, mais tout autre chose.
Celui-là seul peut alors parler qui
peut voguer sur la pensée commune
de l'assemblée, et n'est pas étroitement limité par la sienne propre.
Alors cette convention que le bon
sens demande détruit la sainte
liberté de la conversation intime,
qui réclame la fusion absolue de
deux âmes en une seule.

Il n'y a pas deux hommes qui
laissés seuls l'un à l'autre n'entrent
dans de plus simples rapports. Cependant c'est l'affinité qui décide
lesquels *deux* doivent s'entretenir.

Des hommes qui n'ont aucun rapport entre eux se donnent peu de joie l'un à l'autre ; ils ne soupçonneront jamais les pouvoirs latents de chacun. Nous parlons quelquefois d'un grand talent de conversation, comme si c'était une qualité permanente chez quelques-uns. La conversation est une liaison passagère, rien de plus. Un homme qui a la réputation d'avoir de l'esprit et de l'éloquence ne peut pas pour cela dire un mot à son cousin ou à son oncle. On lui reproche son silence avec autant de raison qu'on reprocherait à un cadran solaire de ne rien marquer dans l'ombre. Au soleil il marquera l'heure. Parmi ceux qui savourent ses pensées, il retrouvera sa voix.

L'amitié demande ce rare milieu entre la ressemblance et la dissemblance, lequel pique chacun par le mélange de pouvoir et de consentement vis-à-vis l'un de l'autre. Plutôt être seul au bout du monde que de voir mon ami surpasser d'un mot ou d'un regard sa réelle sympathie. Je suis également désappointé par l'antagonisme et par la complaisance.

Qu'il ne cesse pas un instant d'être lui-même. La seule joie que j'ai de ce qu'il est mien est que le *non mien* est *mien*. Je hais quand je cherche un appui viril, ou au moins une résistance virile, trouver une concession molle. Mieux vaut être une ortie auprès de votre ami que son écho. La condition que la haute amitié demande est de pouvoir s'en passer. Ce saint office exige des personnages majestueux et sublimes. Il faut d'abord qu'il y ait deux êtres vrais avant qu'il puisse y avoir une association vraie. Il faut des notes justes pour un bel accord. Que ce soit une alliance de deux vastes, formidables natures qui se sont mutuellement considérées, mutuellement craintes, avant de reconnaître la profonde identité qui les unit sous ces dissemblances.

Celui-là seul est digne d'une telle association qui est magnanime ; qui est sûr que la grandeur et la bonté sont un gain, et n'est pas prompt à s'immiscer dans sa destinée. Qu'il ne s'immisce pas. Laissez au diamant ses siècles pour se produire, et n'espérez pas accélérer les naissances

de l'éternel. L'amitié veut un traite-
ment religieux. Nous parlons de
choisir nos amis, mais les amis s'é-
lisent d'eux-mêmes. La vénération
joue un grand rôle. Traitez votre
ami comme un spectacle. Naturelle-
ment il a des mérites qui ne sont pas
les vôtres, et que vous ne pouvez
honorer s'il vous faut à tout prix
l'étreindre dans vos murs. Tenez-
vous à l'écart ; faites place à ses mérites ; qu'ils s'élèvent et se déploient.
Etes-vous l'ami des boutons de votre
ami ou de sa pensée ? Vis-à-vis d'un
noble cœur vous serez encore un
étranger dans mille détails que vous
pourrez déjà l'approcher sur le ter-
rain le plus saint. Laissez aux petites
pensionnaires et aux collégiens de
regarder un ami comme une propriété, et de vouloir aspirer un agré-
ment insuffisant et destructeur, au
lieu du plus noble bienfait.

Achetons notre entrée dans cette
association par une longue épreuve.
Pourquoi dépouillerions-nous de
nobles et belles âmes de leur caractère sacré en forçant la porte ? Pourquoi vouloir brusquer des relations
personnelles avec votre ami ? Pour-

quoi aller chez lui, ou connaître sa
mère, ses frères ou ses sœurs ? Pourquoi recevoir sa visite ? Sont-ce des
choses nécessaires à notre pacte ?
Oublions ces attouchements et ces
flatteries. Laissez-le être pour moi
un esprit. Un message, un sentiment,
une sincérité, un éclair de ses yeux,
je veux, mais non des nouvelles ou
du pot-au-feu. Je peux obtenir de la
politique et des causeries de com-
passions à meilleur marché. La société de mon ami ne doit-elle pas
m'être poétique, pure, universelle et
majestueuse comme la nature elle-
même ? Devrais-je sentir que notre
lien est profane en comparaison de
la nuée qui dort là-haut dans l'hori-
zon, ou de l'herbe onduleuse qui
divise le ruisseau ? Ne l'avilissons
pas, mais élevons-le à cet étendard.
Ce grand œil défiant, cette dédai-
gneuse beauté de son air et de ses
manières, ne te pique pas de les
adoucir en ton ami, mais fortifie-les
plutôt et les rehausse. Honore ses
supériorités, ne lui en souhaite pas
moins en pensée, mais amasse-les
et les révèle toutes. Garde-le comme
ta contre-partie. Qu'il te soit à

jamais une sorte de bel ennemi, in-
domptable, religieusement révéré, et
non un objet commode et vulgaire
qui doit bientôt être dépassé, et jeté
à l'écart. Les nuances de l'opale et
les feux du diamant ne peuvent se
voir s'ils sont trop près des yeux. A
mon ami j'écris une lettre, et de lui
j'en reçois une. Cela vous semble
peu de chose. Cela me suffit. C'est
un don spirituel digne à lui de donner et à moi de recevoir. Il ne profane personne. Dans ces lignes ar-
dentes le cœur se confie comme il
ne le peut faire en paroles, et il
exhale une prophétie d'existence,
plus divine que toutes les annales de
l'héroïsme n'en ont encore vu s'accomplir.

Respectez assez les saintes lois de
cette association pour ne pas nuire
à la perfection de sa fleur par votre
impatience à la voir s'ouvrir. Il faut
commencer par être nous-mêmes. Il
y a au moins cette satisfaction dans
le crime, selon le proverbe latin :
« Vous pouvez parler à votre com-
plice en termes égaux ». *Crimen quos
inquinat, æqual.* A ceux que nous
admirons et aimons, d'abord nous

ne le pouvons pas. Cependant le moindre défaut de calme gâte à mes yeux tous les rapports. Il ne peut jamais y avoir de paix profonde entre deux esprits, jamais de respect mutuel, jusqu'à ce que dans leur dialogue chacun représente le monde entier.

Une chose aussi grande que l'amitié, laissez-nous l'accomplir avec toute la grandeur d'esprit qui nous est possible. Soyons silencieux — que nous puissions entendre le chuchotement des dieux. N'intervenons pas. Qui vous a établi pour chercher ce qu'on doit dire aux âmes choisies, ou comment leur dire quoi que ce soit? Peu importe avec quelle ingéniosité, quelle grâce, ni quelle douceur. Les degrés de la folie et de la sagesse sont innombrables, et pour vous, parler, c'est être frivole. Attends, et ton cœur parlera. Attendez jusqu'à ce que le nécessaire et l'éternel vous subjuguent, jusqu'à ce que le jour et la nuit tirent parti de vos lèvres. La seule récompense de la vertu, c'est la vertu ; le seul moyen d'avoir un ami, c'est d'en être un. Vous n'approcherez pas plus un

homme en entrant chez lui. Si elle
est dissemblable, son âme n'en fuira
que plus vite, et vous ne surpren-
drez jamais un éclair de son regard.
Nous voyons le noble de loin, et il se
répercute; pourquoi empiéter sur ses
rayonnements? Tard — très tard —
nous découvrons qu'aucun arrange-
ment, aucune introduction, aucun
usage, ni aucune habitude sociale ne
servent à établir de telles relations
entre nous et ceux qui nous les font
désirer, mais seulement le même
degré d'élévation de nature en nous
et en eux; alors, comme l'eau rejoint
l'eau, nous nous rejoindrons; et si
nous ne les rejoignons pas alors, ils
ne nous manqueront pas, car nous
sommes presque eux-mêmes. Au
fond l'affection n'est que le reflet de
la valeur personnelle d'un homme
sur un autre. Des amis ont quelquefois échangé leurs noms, comme
s'ils avaient voulu exprimer qu'en
son ami chacun aimait sa propre
âme.

Plus on demande à l'amitié un
style élevé, moins il est facile natu-
rellement de l'établir avec la chair
et le sang. Nous marchons seuls

dans la vie. Des amis tels que nous
en désirons sont des rêves et des
fables. Mais un sublime espoir anime
à jamais le cœur fidèle qu'ailleurs,
en d'autres régions de l'universel
pouvoir, des âmes en ce moment
agissent, endurent et osent, lesquelles nous peuvent aimer, et que
nous pouvons aimer. Nous pouvons
nous féliciter de ce que la période
de minorité, de folies, de bévues et
de honte se passe dans la solitude,
et quand nous serons des hommes
accomplis, des mains héroïques se
serreront. Soyez seulement averti
par ce que vous voyez déjà de ne
pas vous lancer dans des amitiés
avec des personnes de peu de valeur,
quand il ne peut pas y avoir d'amitié. Notre impatience nous fait tomber dans des alliances inconsidérées
et sottes que nul Dieu ne contemple.
En persistant dans votre voie, encore que vous perdiez peu de chose,
vous gagnez le tout. Vous vous dé-
montrez vous-même comme vous
mettant hors d'atteinte de fausses
relations, et vous attirez les premiers-nés du monde, ces rares pèlerins dont quelques-uns seuls errent

tout de suite dans la nature, et devant qui le vulgaire ne paraît être
que spectres et qu'ombres.

Insensée est la crainte de rendre
nos liens trop spirituels, comme si
nous pouvions ainsi perdre quelqu'ingénuité. La nature ne manquera
pas d'affirmer toute correction intérieure de nos vues, et si elle semble
nous frustrer de quelque joie, elle
nous dédommagera par une joie plus
grande. Eprouvons si nous le voulons l'isolement absolu de l'homme.
Nous sommes sûrs d'avoir tout en
nous-mêmes. Nous allons en Europe,
nous suivons des personnes, ou nous
lisons des livres dans la foi instinc-
tive que cela nous révèlera à nous-
mêmes. Mendicité. Les personnes
sont telles que nous ; l'Europe, un
vieux vêtement fané de personnes
mortes ; les livres, leurs fantômes.
Laissons tomber cette idolâtrie. Re-
nonçons à cette mendicité. Disons
même adieu à nos plus chers amis,
et défions-les, disant : «Qui êtes-vous?
Desserrez ma main de la vôtre : Je
ne veux plus être dépendant. » Ah !
ne vois-tu pas, ô frère, que nous ne
nous quittons ainsi que pour nous

revoir quand nous serons plus haut,
et n'être que plus l'un à l'autre parce
que nous serons plus à nous-mêmes?
Un ami est un second Janus, — il
regarde le passé et l'avenir. Il est
l'enfant de mes heures écoulées, le
prophète de celles à venir, et le pré-
curseur d'un plus grand ami.

Je fais alors avec mes amis comme
avec mes livres. J'aime à les avoir
où je peux les trouver, mais j'en use
rarement. Mettons notre société à
condition, donnons-la ou retirons-la
pour la plus légère cause. Je ne peux
pas dépenser beaucoup de paroles
avec mon ami. S'il est grand, il me
grandit tellement que je ne peux
m'abaisser à la conversation. Dans
les grands jours, des pressentiments
voltigent devant moi dans le firmament. Je devrais alors me consacrer
à eux. J'entre pour les saisir, je sors
pour les saisir. Je crains seulement
de pouvoir les perdre s'enfuyant
dans le ciel où ils ne sont qu'une
lueur plus brillante. Alors, encore
que j'attache du prix à mes amis, je
ne peux pas me permettre de parler
avec eux et d'étudier leurs visions,
de peur de perdre les miennes. Cela

me donnerait, il est vrai, une certaine joie confortable de quitter cette
sublime recherche, cette astronomie
spirituelle, cette perquisition d'étoiles, et de revenir à de chaudes sympathies; mais alors je sais bien que
je pleurerai toujours la disparition
de mes dieux forts. Il est vrai que la
semaine prochaine je serai d'humeur
languissante quand je pourrai m'oc-
cuper d'objets étrangers; alors je
regretterai la littérature de votre
âme, et je souhaiterai vous voir revenir auprès de moi. Mais si vous
venez, peut-être n'emplirez-vous
mon esprit que de nouvelles visions,
non de vous, mais de vos splendeurs,
et je ne serai pas plus en état que
maintenant de causer avec vous.
Ainsi je dois à mes amis ces communications passagères. Je reçois d'eux
non ce qu'ils ont, mais ce qu'ils sont.
Ils me donnent ce qu'à proprement
parler ils ne peuvent donner, mais
qui émane d'eux. Mais ils ne me re-
tiendrons pas par quelque relation
moins subtile et pure. Nous nous
retrouverons comme ne nous retrou-
vant pas, et nous quitterons comme
ne nous quittant pas.

Il m'a semblé dernièrement plus possible que je ne le savais de conduire une amitié glorieusement d'un côté sans due correspondance de l'autre. Pourquoi me désolerais-je à regretter que le destinataire soit indifférent ? Le soleil n'est jamais troublé parce que quelques-uns de ses rayons tombent infinis et vains dans l'espace ingrat, et seulement une faible partie sur la terre. Que l'exaltation de votre orgueil instruise le sauvage et froid companion. S'il est inférieur, il passera son chemin ; mais tu es agrandi par ton propre éclat, et, cessant d'être un compagnon pour les grenouilles et les vers de terre, tu prends ton essor et brûles avec les dieux de l'empyrée. C'est considéré comme un malheur d'aimer sans être aimé. Mais les grandes âmes verront que l'affection vraie ne peut pas ne pas être payée de retour. La vraie affection s'élève au-dessus de l'objet indigne, elle s'appuie et s'étend sur l'éternel, et quand le pauvre masque interposé tombe en morceaux, elle n'est pas triste, mais elle se sent délivrée d'autant de poussière, et sent son indépendance plus certaine. Toutefois ces choses peuvent à peine se dire sans une sorte de trahison à l'amitié. Son essence est la parfaite entente, une magnanimité et une confiance totales. Elle ne doit pas soupçonner ni se prémunir de l'infirmité. Elle traite ses objets comme des dieux, afin de diviniser l'un et l'autre.

Une goutte de sang vermeil
A plus de poids que les flots de la mer,
L'univers incertain va et vient,
Mais l'être primordial demeure :
Je me suis imaginé qu'il avait fui,
Et après de nombreuses années
La bienveillance inépuisable a rayonné
Comme le lever de soleil quotidien.
Et mon cœur n'avait plus d'inquiétude, —
O ami, dit mon âme,
A travers toi seul la voûte azurée s'éclaire,
Par toi la rose est rouge,
Toutes choses par toi prennent une beauté
Et regardent au-delà de la terre.   [plus noble
Le génie de notre destinée
Chemine au soleil de ta gloire :
Moi aussi, la noblesse m'a enseigné
A maîtriser mon désespoir ;
Les sources de ma vie cachée
Sont claires au travers de ton amitié.

AMOUR

« J'étais un joyau caché ;
Mon rayon ardent me l'a révélé. »

Koran.

Chaque promesse de l'âme a
des accomplissements innombrables ;
chacune de ses joies mûrit dans un
nouvel espoir. La nature aux espoirs
infinis, ondoyante et fatidique, anti-
cipe déjà dans le premier sentiment
de tendresse un bienfait qui perdra
sa lueur individuelle dans la clarté
générale. On est initié à cette félicité
par une relation personnelle et tendre de un à un qui est l'enchante-
ment de la vie humaine ; qui, ainsi
qu'un enthousiasme divin et passionné s'empare de l'homme en un

temps de sa vie, et opère une révo-
lution en son âme et en son corps ;
l'unit à sa race, l'engage aux relations privées et civiques, l'amène à
de nouvelles sympathies avec la nature, rehausse le pouvoir des facultés, ouvre l'imagination, ajoute à son
caractère des attributs héroïques et
sacrés, établit le mariage, et perpé-
tue la société humaine.

L'association naturelle du sentiment de l'amour avec l'ardeur de la
jeunesse semble vouloir qu'on ne
soit pas trop âgé afin de le peindre
avec ses couleurs vives, et que tous
jeunes gens et jeunes filles confessent reconnaître la peinture fidèle
de leur expérience palpitante. Les
délicieuses fantaisies de jeunesse
rejettent la moindre senteur de philosophie mûre, comme si elle devait
glacer de sa vieillesse et de son pé-
dantisme leur fleur aux couleurs
pourpres. Aussi je sais que j'encoure
le blâme d'une dureté et d'un stoï-
cisme inutiles, de la part de ceux
qui composent la Législature et le
Parlement de l'Amour. Mais de ces
formidables censeurs j'en appellerai
à mes anciens. Car il est à considé-

rer que cette passion dont nous parlons, bien qu'elle commence chez
les jeunes, n'abandonne pas les
vieux, ou plutôt ne souffre pas que
ses vrais serviteurs vieillissent, mais
en fait participants les vieillards non
moins que la tendre jeunesse, quoique d'une façon différente et plus
noble. Car c'est un feu qui jette ses
premières étincelles dans le profond
recoin d'un cœur solitaire, allumé
lui-même par un rayon errant d'un
autre cœur, s'embrase et s'étend
jusqu'à ce qu'il réchauffe et couvre
de ses rayons des multitudes d'hommes et de femmes, et le cœur universel de toutes choses, illuminant
ainsi la nature et le monde entier de
ses flammes généreuses. Il importe
donc peu que nous tentions de décrire la passion à vingt, trente, ou
quatre-vingts ans. Celui qui la peint
à la première période perdra de ses
plus tardifs symptômes, celui qui la
peint à la dernière, de ses plus hâ-
tifs. Seulement espérons que par la
patience et l'aide des Muses, nous
pourrons parvenir à cette vision intime de la loi, qui est une vérité
jeune et charmante à jamais, si cen-

trale qu'elle brillera aux yeux à
quelqu'angle que l'on se place.

Et la première condition est que
nous ne nous attachions pas trop
étroitement et minutieusement aux
faits, mais que nous étudiions le
sentiment comme il se manifeste en
espoir et non en détail. Car chacun
voit sa propre vie amorphe et défi-
gurée, comme n'est pas la vie de
l'homme à son imagination. Chacun
voit sa propre expérience entachée
d'erreurs tandis que celle des autres
semble idéale et pure. Laissez un
homme retourner en pensée à ces
relations délicieuses qui sont la
beauté de sa vie, et lui ont donné
l'instruction et la nourriture les plus
pures, il tressaillira et gémira. Hélas!
je ne sais pourquoi, mais des re-
mords infinis remplissent d'amer-
tume à l'âge mûr les souvenirs de
joie naissante, et enveloppent tout
nom bien-aimé. Tout est ravissant
intellectuellement, comme vérité.
Mais tout est âpre à l'expérience. Les
détails sont mélancoliques, quand
l'ensemble est gracieux et noble.
Dans le monde actuel — ce laborieux
empire du temps et de l'espace --

habitent le souci, la maladie et la crainte. Au sentiment et à l'idéal est liée l'immortelle gaieté, la fleur de joie, toutes les Muses chantent à l'entour, mais la douleur est attachée aux noms, aux personnes, et aux intérêts d'hier et d'aujourd'hui.

La forte inclination de la nature se trahit par la proportion que prend dans la conversation le thème de ces rapports uniques. Que souhaitons-nous davantage savoir d'une personne de valeur que la fin de son histoire d'amour? Quels livres sont en circulation chez le libraire? Comme ces romans d'amour nous enflamment quand l'histoire est racontée avec une étincelle de vérité et de naturel ! Et qu'est-ce qui excite l'attention dans les relations de la vie, comme un événement qui trahit de l'inclination entre deux personnes? Peut-être ne les avions-nous encore jamais vues, et ne les reverrons-nous plus jamais. Mais nous les voyons échanger un regard lumineux, ou trahir une émotion profonde, et elles ne nous sont plus étrangères. Nous les comprenons et nous portons le plus vif intérêt au

développement du roman. Tout
homme aime l'amour. Les premières
démonstrations de complaisance et
de tendresse sont les fleurs les plus
séduisantes de la nature. C'est l'au-
rore de la civilisation et de la grâce
en l'inhabile rustaud. Le gamin du
village taquine les petites filles à la
sortie de l'école ; mais aujourd'hui,
il accourt à l'entrée, et rencontre une
enfant gracieuse rangeant son petit
sac ; il lui tient ses livres pour l'aider, et à l'instant il lui semble qu'elle
s'éloigne infiniment et est un temple
sacré. Parmi la foule de jeunes filles
il circule assez sans façon, mais une
seule lui en impose ; et ces deux
petits voisins qui se bousculaient
tout à l'heure, ont appris à respec-
ter la personnalité l'un de l'autre.
Ou qui peut détourner ses yeux des
manières engageantes, demi-artifi-
cieuses et demi-naïves des écolières
qui vont dans la campagne acheter
un écheveau de soie ou une main
de papier, et parlent une demi-heure
au sujet de rien avec le garçon de
magasin au large visage et au bon
naturel? Au village ils sont sur un
pied de parfaite égalité, ce que l'a-

mour aime, et sans aucune coquet-
terie la nature heureuse et affection-
née de la femme s'épanche en ce
joli bavardage. Elle peut n'être pas
jolie, néanmoins elle établit simplement entre elle et le bon garçon les
rapports les plus agréables et con-
fiants, avec son humour au sujet
d'Edgar, et de Jonas, et d'Almira, et
de qui était invité à la partie, et
de qui dansait à l'école de danse,
et de quand allait commencer l'école
de chant, et d'autres riens sur lesquels on jase. Bientôt ce garçon veut
une femme et il saura très véritablement et de tout son cœur où trouver
une pure et douce compagne sans
aucun de ces risques tels que Milton
déplore être attachés aux érudits et
aux grands hommes.

· Il m'a été dit que dans quelques-
uns de mes discours publics ma
vénération pour l'intellect m'a fait
injustement battre froid aux relations personnelles. Mais maintenant
je recule presque devant le souvenir
d'une telle accusation. Car les gens
sont le royaume de l'amour, et le
philosophe le plus froid ne peut pas
faire le rapport de la dette d'une

jeune âme errant ici-bas dans la
nature au pouvoir de l'amour sans
être tenté de rétracter tout dénigre-
ment comme crime de lèse-majesté
envers elle. Car, encore que le divin
ravissement descendant du ciel ne
s'empare que des jeunes, et qu'il
soit d'une beauté surpassant toute
analyse et toute comparaison, nous
mettant tout-à-fait hors de nous-
mêmes et que nous pouvons rarement voir passé trente ans, le souvenir de ces visions survit à tous les
souvenirs, et est une couronne de
fleurs sur les plus vieux fronts. Mais
il se passe un fait étrange; il peut
sembler à plusieurs en révisant leur
expérience, qu'ils n'ont pas de plus
belle page dans le livre de leur vie
que la délicieuse mémoire de certains événements où l'affection ré-
pandait sur le détail d'une circonstance accidentelle et insignifiante
une magie surpassant la profonde
attraction de sa propre vérité. En
regardant en arrière, ils peuvent découvrir que différentes choses, qui
n'étaient pas le charme, sont plus
réelles à leur mémoire tâtonnante que
le charme même qui les embaumait.

Mais quelle que soit l'expérience
dans les détails, nul n'oublia jamais
la visitation de cette force en son
cœur et son esprit, qui créa toutes
choses nouvelles ; qui fut l'aube de
la musique en lui, de la poésie et de
l'art ; qui faisait de la nature un
rayonnement de clartés radieuses,
du matin et du soir des enchante-
ments variés ; quand le simple son
d'une voix pouvait faire bondir le
cœur, et que les circonstances les
plus insignifiantes associées à certaine forme gracieuse ambrent le
souvenir ; quand il devenait tout
yeux en certaine présence, et tout
souvenir en son absence ; quand la
jeunesse se met à guetter aux fenêtres, et devient studieuse d'un gant,
d'un voile, d'un ruban ou des roues
d'une voiture ; quand nul espace
n'est trop solitaire, et nul trop silencieux pour celui qui a une société
plus abondante et une conversation
plus douce avec ses nouvelles pensées que nul ancien ami, fût-ce le
meilleur et le plus pur, ne peut lui
donner ; car les silhouettes, les mouvements, et les mots de l'objet bien-
aimé ne sont pas comme les autres

images écrits en eau, mais, ainsi que le disait Plutarque, « émaillés au feu », et font la méditation de minuit.

« Tu n'es pas loin étant loin, en quelque lieu
[que tu sois,
Tu laisses en lui tes yeux attentifs, et ton
[cœur aimant, »

Au midi et au soir de la vie nous palpitons encore à la mémoire de jours où le bonheur n'était pas assez heureux, mais devait être assaisonné de douleur et de crainte ; car il a deviné le secret, celui qui a dit de l'amour —

« Toutes les autres joies ne valent pas ses
[peines, »

et quand le jour n'était pas assez long, mais que la nuit même devait se consumer en poignants souvenirs, que la tête brûlait sur l'oreiller dans l'analyse du sentiment généreux ; quand le clair de lune était une exaltation ravissante, les étoiles un message, et les fleurs des initiales entrelacées, quand l'air chantait, que toute occupation semblait une impertinence, et les hommes et les femmes allant et venant dans la rue de simples magics.

La passion rebâtit le monde à son hôte. Elle rend toutes choses vivantes et significatives. La nature devient consciente. Le chant de tous les oiseaux dans les branches lui va maintenant au cœur et à l'âme. Les notes sont presqu'articulées. Les nuages ont de l'expression comme il y fixe les yeux. La forêt d'arbres, l'herbe qui s'agite, et les fleurs commençant à paraître sont devenues intelligentes ; et il craint presque de leur confier le secret qu'elles semblent l'inviter à trahir. Cependant la nature caresse et sympathise. Dans la verte solitude il a un home plus doux qu'auprès des hommes.

« Sources et bois sans chemins frayés,
Endroits que la passion pâle aime,
Sentiers éclairés par la lune, quand tous les
[oiseaux
Sont couchés, hormis la chauve-souris et la
[chouette ;
Une cloche de minuit, un grognement fugitif,
Voilà les harmonies desquelles nous vivons. »

Voyez dans ces bois le fou magnifique ! Il a des visions suaves et

chantantes ; il s'élève ; il est deux
fois un homme ; sa démarche est
royale ; il parle au sentier solitaire ;
il accoste les herbes et les arbres ;
il sent la vie de la violette, du trèfle,
et du lis dans ses veines ; et il cause
avec le ruisseau qui lui mouille les
pieds.

Le feu qui a développé sa perception de la beauté lui a fait aimer la
musique et la poésie. C'est un fait
souvent observé que des hommes
ont écrit de bons vers sous l'inspi-
ration de l'amour, qui ne le pou-
vaient dans aucune autre circonstance.

La même force étend sa flamme
sur toute sa nature. Elle épanouit le
sentiment ; elle adoucit l'intraitable,
et donne du cœur au timide. Au plus
faible et au plus méprisable elle ins-
pire le courage de défier le monde,
s'il a seulement l'appui de l'objet
bien-aimé. En le donnant à un autre,
elle le rend à lui-même. C'est un
homme nouveau, qui a des percep-
tions nouvelles, un but nouveau et
plus intense, et une religieuse solennité de caractère et d'intentions.
Il n'appartient plus à sa famille ni à

la société ; *il* est quelque chose ; *il*
est quelqu'un ; *il* est une âme.

Et maintenant examinons d'un peu
plus près la nature de cette influence
qui est si puissante sur la jeunesse.
La Beauté dont nous célébrons en
ce moment la révélation aux hommes, bienvenue comme le soleil
partout où il lui plaît de briller, qui
rend fier d'elle et de soi-même,
paraît se suffire à elle-même. Le
jeune homme ne peut pas s'imaginer
celle qu'il aime pauvre et solitaire.
Mais telle qu'un arbre en fleurs,
aussi délicate, aussi printannière,
d'un charme qui est une société, et
elle lui apprend pourquoi la Beauté
fut représentée avec des Amours et
des Grâces veillant sur ses pas. Son
existence enrichit le monde. Bien
qu'elle détourne son attention de
toutes les autres personnes qui lui
semblent insignifiantes, elle le dé-
dommage en se faisant quelque chose
d'impersonnel, de grand, d'universel, de sorte que la jeune fille représente pour lui le symbole des vertus
et de toutes les choses qui sont belles. Voilà pourquoi il ne voit jamais
choses les plus excellentes qui ont

de ressemblance entre elle et les
siens ou d'autres. Ses amis lui en
trouvent avec sa mère, ses sœurs, ou
des gens qui ne lui sont pas parents.
Lui n'en voit aucune, si ce n'est
aux soirs d'été et aux matins trans-
parents, aux arcs-en-ciel et au chant
des oiseaux.

Les anciens appelaient la beauté
la fleur de vertu. Comment analyser
le charme indicible qui brille d'un
visage sur l'autre? Nous sommes
touchés par des émotions de tendresse et de joie, mais nous ne pouvons pas découvrir d'où cette émotion délicate, ce rayon errant. L'imagination se refuse à ne l'attribuer
qu'à la forme visible. Non plus ne
peut-on l'attribuer à aucuns rapports
d'amitié ou d'amour connus et décrits
dans la société, mais, il me semble,
à une sphère tout autre et inaccessible, à des rapports d'une délicatesse
et d'une suavité transcendantes, à ce
que les roses et les violettes augurent
à demi-mot. Nous ne pouvons pas
approcher la beauté. Sa nature est
comme l'éclat opalin et changeant
d'un plumage, elle voltige et s'éva-
nouit. En cela elle ressemble aux

toutes ce caractère chatoyant, défiant
toutes les tentations d'appropriation
et d'usage. Jean-Paul Richter expri-
mait-il autre chose quand il disait à
la musique : « Va-t-en ! va-t-en ! tu
me parles de choses que je n'ai pas
trouvées durant toute ma vie, et que
je ne trouverai pas. » La même flui-
dité s'observe dans toutes les œuvres
de l'art plastique. La statue est belle
alors qu'elle commence à être incom-
préhensible, en dehors de la critique
et ne peut plus se définir par le com-
pas et la mesure, mais demande une
imagination active qui trouve l'acte
qu'elle représente. Le dieu ou héros
du sculpteur est toujours représenté
dans une transition entre ce qui est
à la portée des sens et ce qui ne l'est
pas. Alors seulement il cesse d'être
en pierre. La même cho e se remar-
que en peinture. Et en poésie, le
succès n'est pas atteint quand elle
berce et satisfait, mais quand elle
étonne et nous embrase en nous
inspirant de nouveaux efforts vers
l'inaccessible. Touchant quoi Landor
se demande « si cela ne se rattache
pas à quelque plus pur état de sensation et d'existence. »

Telle une beauté personnelle charme et est elle-même alors seulement
qu'elle ne nous laisse satisfaits d'aucune conclusion ; qu'elle devient
une histoire qui ne se peut finir ;
qu'elle suggère des lueurs et des
visions, et non des satisfactions ter-
restres ; qu'elle fait sentir au con-
templateur son indignité ; qu'il ne
peut s'y reconnaître aucun droit,
fût-il César ; qu'il ne s'y sent pas plus
de droit qu'au firmament et aux
splendeurs d'un soleil couchant.

Ici la voix s'est élevée, « Si je vous
aime, que vous importe ? » Nous
parlons ainsi parce que nous sentons
que ce que nous aimons n'est pas en
votre pouvoir, mais au-dessus. Ce
n'est pas vous, mais votre splendeur.
C'est ce que vous ne savez pas, et
ne pouvez savoir.

Cela s'accorde avec cette haute
philosophie de la Beauté dans laquelle se délectaient les anciens, car
ils disaient que l'âme, ici-bas revêtue
d'un corps, allait errant çà et là à la
recherche de cet autre monde à elle,
hors duquel elle vint dans le nôtre,
mais était bientôt stupéfiée par la
lumière du soleil naturel, et incapa-

ble de voir autre chose que les objets
de ce monde, qui ne sont que l'ombre des réalités. Voilà pourquoi la
Divinité présente à l'âme la gloire
de la jeunesse, afin qu'elle tire parti
de sa beauté pour l'aider à se res-
souvenir des biens et des beautés
célestes; et l'homme voyant ainsi
une femme court à elle, et trouve la
plus sainte joie à contempler sa
beauté, ses mouvements, et son intelligence, parce que cela lui suggère
ce que cette beauté recèle, et ce qui
en est la cause.

Si toutefois pour s'être trop attachée aux objets matériels, l'âme est
stupide, et place sa satisfaction dans
la beauté visible, elle ne récolte rien
que de la tristesse, la beauté terrestre
étant impuissante à remplir sa promesse; mais si, acceptant l'insinua-
tion de ces visions et suggestions,
l'âme passe à travers le corps, s'a-
bandonne à l'admiration ardente des
traits du caractère, et que les jeunes
gens se contemplent l'un l'autre en
leurs discours et leurs actions, alors
ils entrent dans le vrai palais de la
beauté, en embrasant leur amour de
plus en plus, et par cet amour, étei-

gnant l'affection égoïste comme le
soleil éteint le feu en brillant sur
l'âtre, ils deviennent purs et bénis.
Dans le tête-à-tête avec ce qui est en
soi excellent, magnanime, doux et
vertueux, ils arrivent à un plus vé-
hément amour de ces noblesses, et à
à une plus rapide compréhension.
Alors en les aimant chez quelqu'un
ils en viennent à les aimer chez tous,
et ainsi une seule âme est la porte
par laquelle ils entrent dans la société de toutes les âmes vraies et
pures. Dans l'intimité ils arrivent à
voir plus clairement chaque altéra-
tion, chaque tache que leur beauté a
contracté en ce monde, et savent se
les signaler avec une joie mutuelle
de pouvoir maintenant sans offense,
se désigner l'un à l'autre leurs défauts et leurs obstacles, et s'aider, se
conforter l'un l'autre en se guéris-
sant. Contemplant dans maintes
âmes les traits de la beauté divine,
et séparant dans chacune ce qui est
divin des souillures qu'elle a con-
tractées en ce monde, ils s'élèvent
au plus complet ravissement, à l'a-
mour et la connaissance de la Divinité par les degrés de cette échelle
d'âmes créées.

Les sages de tous les temps nous
ont parlé tant soit peu ainsi de l'a-
mour. La doctrine n'est ni vieille ni
jeune. Si Platon, Plutarque et Apulée
l'ont enseignée, Pétrarque, Angelo
et Milton aussi. Il attend une révélation nouvelle en opposition et en
blâme contre cette souterraine pru-
dence qui préside aux mariages avec
des mots adoptés dans le grand
monde, pendant qu'un œil rôde au-
tour du cellier, de sorte que ses plus
graves discours ont une odeur de
garde-manger. Plus triste encore
quand ce matérialisme intervient
dans l'éducation des femmes, et flé-
trit l'espérance et la tendresse de la
nature humaine, enseignant que le
mariage ne signifie rien que l'écono-
mie d'une ménagère, et que la vie de
la femme n'a pas d'autre but.

Mais ce rêve d'amour encore que
ravissant n'est qu'une scène de notre
spectacle. L'âme dans sa marche du
dedans au dehors étend ses cercles
à l'infini, comme un caillou lancé
dans un étang, ou la clarté venant
d'un orbe. Les rayons de l'âme tombent d'abord sur les choses les plus
proches, sur chaque objet et sur

chaque rien, sur les domestiques,
sur la maison, et la cour, et les pas-
sants, sur le cercle des amis de la
famille, sur la politique, la géogra-
phie et l'histoire. Mais les choses
vont toujours se groupant suivant
des lois plus élevées ou plus inté-
rieures. L'entourage, les dimen-
sions, les quantités, les habitudes,
les personnes, perdent peu à peu
leur pouvoir sur nous. La cause et
l'effet, les vraies affinités, l'ardent
espoir d'une harmonie entre l'âme
et les événements, l'instinct progres-
sif créateur d'idées, prédomine plus
tard, et un pas en arrière du plus
élevé au moins élevé est impossible.
Ainsi même l'amour qui est la déïfi-
cation des personnes doit devenir
plus impersonnel chaque jour. Il ne
le donne pas tout de suite à entendre. Les jeunes gens qui se lancent
des regards au travers d'apparte-
ments foulés, les yeux si pleins d'intelligence mutuelle, pensent peu au
fruit précieux à venir de ce stimu-
lant nouveau et extérieur. Dans la
végétation l'écorce et les bourgeons
reçoivent d'abord les rayons du soleil. Des coups-d'œil échangés ils en

viennent aux actes de courtoisie, de galanterie, puis à la passion ardente, à l'engagement de la foi, et au mariage.

La passion regarde son objet comme une parfaite unité. L'âme est unie au corps, et le corps à l'âme.

« Son sang pur et éloquent
Parlait à ses joues si distinctement
Qu'on eût presque dit qu'il pensait. »

Roméo mort devrait être taillé en petites étoiles pour embellir les cieux. La vie de ce couple n'a pas d'autre but, ne demande pas autre chose que Juliette, que Roméo. La nuit, le jour, les études, les talents, les royaumes, la religion, sont contenus dans cette beauté remplie d'âme, dans cette âme qui est toute beauté. Quand on s'aime, on vit de tendresses, d'aveux, de comparaisons. Seul, on se console avec l'image de l'autre. Cet autre voit-il la même étoile, est-il touché par le même nuage, lit-il le même livre, sent-il la même émotion qui en ce moment me charme ? On éprouve et on mesure son amour, et, additionnant les avantages, les amis, les opportunités,

les convenances, on exulte en dé-
couvrant que volontairement, joyeu-
sement, on donnerait tout en rançon
pour la tête charmante et bien-aimée
dont pas un cheveu ne sera touché.
Mais en ces choses la plupart des
hommes ne sont que des enfants. Le
danger, la tristesse et la douleur
leur arrivent, comme à tous. L'amour
prie. Il traite avec l'Eternel Pouvoir
en faveur du cher compagnon. Une
telle union qui ajoute un nouveau
prix à chaque atome dans la nature,
car elle métamorphose chaque fil
d'un bout à l'autre du tissu des événements en un rayon d'or, et baigne
l'âme dans un nouvel et plus doux
élément, une telle union n'est cependant qu'un état temporaire. Ce n'est
pas toujours que les fleurs, les
perles, la poésie, les protestations,
ni même le chez soi dans un autre
cœur, peuvent satisfaire l'âme solen-
nelle revêtue de poussière. Elle finit
par s'éveiller de ces tendresses
comme d'un jeu, revêt le harnais et
aspire à des buts vastes et universels.
L'âme qui est dans l'âme de chacun,
implorant une parfaite béatitude,
découvre des écarts, des défauts et

de la disproportion dans la conduite
de l'autre. De là viennent la surprise,
l'accusation et la douleur. Cependant ce qui les avait attiré l'un à
l'autre étaient des expressions de
grâce et de vertus ; et ces vertus
sont là, encore qu'éclipsées. Elles
apparaissent et réapparaissent, et
continuent à attirer, mais l'attention
change, abandonne le signe et s'attache à la substance. Cela répare
l'affection blessée. Et la vie, comme
elle s'écoule, se trouve être un jeu
de permutation et de combinaison
de toutes les situations possibles de
chacun pour employer toutes les
ressources l'un de l'autre, et faire
connaître à chacun la force et la
faiblesse de l'autre. Car c'est la nature et le but de cette relation qu'ils
se représentent la race humaine l'un
à l'autre. Tout ce qui est dans le
monde, qui est ou devrait être
connu, est habilement façonné dans
la texture de l'homme, de la femme.

« La personne que l'amour nous révèle,
Comme la manne, a le goût de toutes choses
[en elle. »

Le globe roule ; l'état des choses

varie d'heure en heure. Les anges
qui habitent ce temple qu'on nomme
le corps apparaissent aux fenêtres,
et aussi les gnomes et les vices.
Toutes les vertus concourent. S'il y
a vertu, tous les vices sont connus
comme tels ; ils se confessent et
s'enfuient. Les sentiments qui furent
une fois brûlants sont calmés par le
temps dans le cœur de chacun, et,
perdant en violence ce qu'ils gagnent
en étendue, deviennent une entente
achevée. Ils se confient l'un à l'autre
sans plainte les bons offices que
l'homme et la femme sont distinctement appelés à remplir en temps, et
échangent la passion qui autrefois ne
pouvait perdre de vue son objet, contre un appui joyeux et libre des des-
seins l'un de l'autre, dans la présence
ou dans l'absence. Enfin ils découvrent
que tout ce qui d'abord les attira, —
ces traits une fois sacrés, ce magique
jeu de charmes, — avait une suite à
venir, comme l'échafaudage à l'aide
duquel fut bâtie la maison ; et la
purification de l'intelligence et du
cœur, d'année en année, est le vrai
mariage dont ils n'avaient nullement
conscience. Considérant ces buts

avec lesquels deux personnes, un
homme et une femme, si diversement
et si corrélativement inspirés sont
enfermés dans une maison pour passer dans l'union conjugale quarante
ou cinquante années, je ne m'étonne
pas de l'emphase avec laquelle le
cœur prédit cette crise dès la tendre
enfance, de la prodigue beauté que
l'instinct fait jeter sur l'arceau nup-
tial, ni de voir la nature, l'intelligence et l'art rivaliser dans les présents et la mélodie qu'ils apportent
à l'épithalame.

Ainsi nous nous préparons à un
amour qui ne connaît ni sexe, ni
personne, ni partialité, mais qui
cherche la vertu et la sagesse partout en vue de leur accroissement.
Nous sommes par nature des observateurs, et par ce moyen des élèves.
C'est notre état permanent. Mais
nous sommes souvent amenés à sentir que nos affections sont seulement
des tentes pour une nuit. Quoique
lentement et avec peine, les objets
de l'affection changent, ainsi que les
objets de la pensée. Il y a des moments où les affections animent et
absorbent l'homme, et font dépendre

son bonheur d'une ou plusieurs
personnes. Mais tout à l'heure l'esprit se remet, sa voûte arquée, où
luit la voie lactée aux clartés immua-
bles, et les amours et les craintes
qui glissaient au-dessus de nous
comme des nuages doivent perdre
leur caractère limité, et se fondre
avec Dieu pour atteindre leur perfection.

Mais il ne faut pas craindre que
nous puissions rien perdre dans le
voyage de l'âme. On peut se fier à
l'âme jusqu'à la fin. Ce qui est aussi
beau et attrayant que ces relations
ne doit être succédé et supplanté
que par ce qui est plus beau, et
ainsi de suite à jamais.

ART

Donnez aux tombes, aux auges, et aux écuelles
La grâce et l'éclat tremblant d'une romance ;
Apportez le clair de lune au milieu du jour
Caché dans les tas de pierres luisantes ;
Dans la rue pavée de la ville
Plantez des jardins couverts de lilas blanc ;
Raffraichissez l'air de sources jaillissantes
Chantant dans le square trop ensoleillé ;
Que la statue, le tableau, le parc et le hall,
La ballade, le drapeau, et la fête
Restituent le passé, ornent le jour présent,
Et que chaque jour soit un nouveau matin.
Ainsi l'ouvrier en blouse poudreuse
Discernera derrière l'horloge de la cité
Des cortèges de rois aériens,
Des vêtements d'anges, des ailes éclatantes,
Ses pères brillant dans des fictions glorieuses,
Ses enfants nourris aux tables divines.
C'est le privilège de l'Art
De jouer ainsi son joyeux rôle
Pour acclimater l'homme sur la Terre,
Et plier l'exilé à son sort,
Et, formé d'un élément
Avec les jours et le firmament,
Lui enseigner à s'en servir comme de marches
                                        [pour monter
Et vivre en intelligence avec le Temps ;
Pendant que la vie supérieure emplit
Le petit ruisseau de la raison humaine.

Parce que l'âme est progressive
elle ne se répète jamais tout-à-fait,
mais dans tous ses actes elle tente la
production d'un nouvel et plus grand
tout. Cela paraît dans les ouvrages
de l'art utile et de l'art joli, si nous
faisons la distinction populaire des
œuvres suivant que leur but est l'uti-
lité ou la beauté. Ainsi dans les beaux
arts non l'imitation, mais la création
est le but. Dans le paysage le peintre
doit donner la suggestion d'une création plus belle que celle que nous
connaissons. Les détails, la prose de
la nature, il doit les oublier, et ne
nous en donner que l'esprit et la
splendeur. Il doit savoir que le
paysage a de la beauté à ses yeux
parce qu'il exprime une pensée qui
lui est chère ; et cela, parce que le
même pouvoir qui voit à travers ses
yeux est dans ce spectacle ; et il en
viendra à évaluer l'expression de la
nature et non la nature elle-même,
et ainsi à exalter dans sa copie les
traits qui le charment. Il donnera les
ténèbres des ténèbres et la lumière
de la lumière. Dans un portrait il
doit décrire le caractère et non les
traits, et penser que l'homme qui se

tient devant lui n'est comme lui-
même qu'une imparfaite image ou
ressemblance de l'homme intérieur
aux nobles aspirations.

Qu'est cet abrégé, cette sélection
que nous observons dans toute activité spirituelle, sinon l'impulsion
créatrice ? car c'est l'entrée dans
cette sphère illuminée où l'on apprend à communiquer un sens plus
grand à de naïfs symboles. Qu'est un
homme sinon la plus belle explica-
tion de la nature ? Qu'est-il sinon un
paysage plus délicat et plus condensé
— l'éclectisme de la nature ? et
qu'est sa parole, son amour de la
peinture, de la nature, sinon un succès meilleur encore ? tous les fasti-
dieux milles et mètres cubes laissés
de côté et leur esprit rendu par un
mot musical ou le plus habile coup
de crayon ?

Mais l'artiste doit se servir des
symboles en usage dans son temps
et dans sa nation pour communiquer
ses sensations développées à ses
semblables. Ainsi le nouvel art sort
toujours de l'ancien. Le Génie de
l'Heure met son sceau ineffaçable
sur l'œuvre et lui donne un charme

inexpressible pour l'imagination.
Autant le caractère spirituel de l'épo-
que domine l'artiste et prend d'expression dans son œuvre, autant il
gardera une certaine grandeur, et
représentera aux futurs observateurs
l'Inconnu, l'Inévitable, le Divin. Nul
ne peut tout-à-fait exclure cet élément de Nécessité dans son travail.
Nul ne peut tout-à-fait s'émanciper
de son siècle et de son pays, et produire une œuvre où l'éducation, la
religion, la politique, les usages et
les théories de son temps n'auront
aucune part. Quelque original, quelque volontaire et fantasque soit-il, il
ne peut pas préserver son travail de
toute trace des idées au milieu desquelles il a grandi. L'annulation
même trahit l'usage qu'il annule. Au-
dessus de sa volonté et de sa connaissance il est contraint par l'air
qu'il respire et l'idée dans laquelle
lui et ses contemporains vivent et
travaillent, de partager la manière de
son temps sans savoir ce qu'est cette
manière. Or ce qui est inévitable
dans l'œuvre a un charme plus élevé,
que celui que peut jamais donner le
talent individuel, d'autant que la

plume ou le ciseau de l'artiste semble
avoir été tenu et guidé par une main
gigantesque pour inscrire une ligne
dans l'histoire de la race humaine.
Ce point de vue donne une valeur
aux hiéroglyphes égyptiens, aux ido-
les Indiennes, Chinoises, et Mexi-
caines quelque grossières et infor-
mes. Elles dénotent la hauteur de
l'âme humaine de cette heure là, et
n'étaient pas fantastiques, mais nées
d'une nécessité profonde comme
l'infini. Ajouterai-je que c'est à ce
point de vue que toute la production
de l'art plastique a sa plus haute
valeur, *comme histoire;* comme un
trait dessiné sur le portrait de ce
destin parfait et superbe suivant
l'ordination duquel tous les êtres
s'avancent vers leur béatitude. +
Ainsi vu historiquement ç'a été
l'office de l'art d'éclairer la perception de la beauté. Nous sommes
submergés de beauté, mais nos yeux
ne la voient pas clairement. Il faut
que l'exposition de quelques traits
assiste et guide le goût dormant.
Nous sculptons et peignons ou nous
contemplons ce qui est sculpté ou
peint comme des étudiants du mys-

tère de la Forme. La vertu de
l'art est dans le détachement, la séparation d'un objet de l'embarras-
sante variété. Jusqu'à ce qu'une
chose soit sortie de l'assemblement
des choses, il peut y avoir jouissance,
contemplation, mais non pensée.
Notre bonheur et notre malheur sont
improductifs. L'enfant vit dans une
charmante extase, mais son caractère individuel et sa force pratique
dépendent de ses progrès journaliers
dans la séparation des choses, et
l'emploi de chacune séparément.
L'amour et toutes les passions con-
centrent tout ce qui existe en une
seule forme. C'est l'habitude de certains esprits de donner une abon-
dance surpassant tout à l'objet, la
pensée, le mot sur lesquels ils tombent, et d'en faire pour un temps les
députés du monde. Ceux-là sont les
artistes, les orateurs, les conducteurs
de la société. Le pouvoir de détacher
et de magnifier en détachant est
l'essence de rhétorique dans les
mains de l'orateur et du poète. Cette
rhétorique, ou pouvoir de fixer l'é-
minence momentannée d'un objet,
— si remarquable chez Burke, chez

Byron, chez Carlyle, — se manifeste
par les mains du peintre et du sculpteur en couleur et en pierre. Ce
pouvoir dépend de la profondeur de
vue intérieure de l'artiste sur l'objet
qu'il contemple. Car tout objet a ses
racines au centre de la nature, et
peut par conséquent être exhibé de
manière à nous représenter l'univers.
C'est pourquoi toute œuvre de génie
est le tyran de l'heure et concentre
l'attention. Pour un temps c'est la
seule chose à faire valant la peine
d'être nommée, — que cela soit un
sonnet, un opéra, un tableau, une
statue, un discours, le plan d'un
temple, d'une campagne, ou d'un
voyage de découvertes. Tout à
l'heure nous passerons à un autre
objet qui s'arrondira en un tout
comme fit le premier ; par exemple,
un jardin bien planté : et il semblera
que la seule occupation valable est
de disposer des jardins. Je penserais
que le feu est la meilleure chose
dans le monde si je ne connaissais
pas l'air, l'eau, et la terre. Car c'est
le droit et le propre de toute chose
vraie, de tout talent réel, de toute
qualité native, d'être à son moment

la cîme du monde. Un écureuil bon-
dissant de branche en branche et
faisant de la forêt un grand arbre
pour son amusement rassasie les
yeux non moins qu'un lion, — est
beau, suffisant, et alors, là, représente la nature. Une jolie ballade
entraîne mon oreille et mon cœur
autant qu'un poème épique. Un
chien représenté par un maître ou
une nichée de petits cochons satisfait et est une réalité non moins que
les fresques d'Angelo. Par cette suc-
cession d'objets nous finissons par
aprendre quelle est l'immensité du
monde, l'opulence de la nature humaine qui peut s'étendre à l'infini,
dans toutes les directions. Mais j'ap-
prends aussi que ce qui m'a étonné
et fasciné dans la première œuvre
m'a aussi étonné dans la seconde,
que l'excellence de toutes choses
est une.

L'office de peindre et de sculpter
semble être simplement initial. Les
meilleures peintures nous disent fa-
cilement leur dernier secret. Elles
sont d'ignorantes ébauches d'un peu
des miraculeux points, des lignes et
des teintes qui composent le paysage

aux formes toujours changeantes au
milieu duquel nous vivons. La peinture semble être pour l'œil ce que la
danse est pour les membres. Quand
elle a inculqué à la structure la pos-
session d'elle-même, la légèreté, la
grâce, il vaut mieux oublier les pas
du maître de danse ; ainsi la peinture
me montre la splendeur de la couleur et l'expression de la forme, et,
en voyant beaucoup de peintures et
un génie des plus grands dans l'art,
je vois l'opulence illimitée du crayon,
l'indifférence où se trouve l'artiste
libre de choisir entre les formes
possibles. S'il peut tout peindre,
pourquoi rien peindre ? et alors
s'ouvrent mes yeux à l'éternel tableau
de la nature dans la rue où se meu-
vent des hommes et des enfants, des
mendiants, et des élégantes, drapés
dans du rouge, du vert, du bleu, du
gris ; aux cheveux longs, grisonnants,
au visage pâle, au visage noir, au
visage ridé, géants, nains, larges,
sylphidiques, — couverts et entou-
rés de ciel, de terre et de mer.

Une galerie de sculpture apprend
plus austèrement la même chose.
Comme la peinture apprend le colo-

ris, la sculpture apprend l'anatomie
de la forme. Quand j'ai vu de belles
statues et que j'entre ensuite dans
une assemblée publique, je com-
prends ce qu'entendait celui qui
disait, « quand j'ai lu Homère, tous
les hommes m'ont l'air de géants. »
Je vois aussi que la peinture et la
sculpture sont la gymnastique de
l'œil, son éducation des délicatesses
et des curiosités de sa fonction. Il
n'y a pas de statue comme cet homme vivant, avec son avantage infini
de variété perpétuelle sur toute
sculpture idéale. Quelle galerie d'art
j'ai là ! Celui qui a fait ces groupes
variés et ces divers et originaux personnages ne travaillait pas d'une
manière uniforme. Voilà l'artiste im-
provisant lui-même, farouche et
joyeux, à son bloc. Une pensée le
frappe, puis une autre, et à chaque
instant il change toute l'attitude, l'air,
et l'expression de son enveloppe
mortelle. Enlevez vos niaiseries
d'huile et de chevalets, de marbre et
de ciseaux : à moins que cela n'ouvre vos yeux aux puissances de l'art
éternel, c'est une hypocrite absur-
dité.

La référence finale de toute production à un Pouvoir primitif explique les traits communs à toutes les œuvres d'art élevé, — l'intelligibilité universelle ; le rétablissement de nos états d'esprit les plus simples ; et la religion. Si l'art qui s'y montre fait réapparaître l'âme originale, un jet de clarté pure, il doit faire une impression semblable à celle que font les objets naturels. Aux heures heureuses, la nature nous apparaît une avec l'art ; l'art perfectionné ; l'œuvre du génie. Et l'individu en qui les simples goûts et la propriété de recevoir l'impression de toutes les grandes influences humaines dominent les accidents d'une culture locale et spéciale, est le meilleur critique d'art. Quoique nous parcourions le monde pour trouver le beau, il nous faut le porter avec nous, ou nous ne le trouvons pas. Le meilleur de la beauté est un charme plus subtil que ne peut jamais donner l'habileté dans les surfaces, dans les contours, ou les règles de l'art ; savoir, un rayonnement de l'œuvre d'art du caractère humain, — une merveilleuse expression à travers la pierre, la toile, ou le son musical, des plus profonds et des plus simples attributs denotre nature, et il est pour cette raison plus intelligible aux âmes qui ont ces attributs. Dans la sculpture des Grecs, dans la maçonnerie des Romains, et la peinture des maîtres Toscans et Vénitiens, le plus grand charme est ce langage universel. Une confession de nature morale, de pureté, d'amour et d'espoir s'en exhale. Ce que nous y apportons, nous le remportons mieux illustré dans la mémoire. Le voyageur qui visite le Vatican et passe de chambre en chambre par des galeries de statues, de vases, de sarcophages, et de candélabres, toutes ces formes de beauté sculptées dans les plus riches matériaux, est en danger d'oublier la simplicité des principes d'où elles ont jailli, et qu'elles tiraient leur origine de pensées et de lois qu'il a en son cœur. Il étudie les règles techniques sur ces admirables débris, mais oublie qu'ils n'étaient pas toujours ainsi groupés; qu'ils sont la contribution de beaucoup de siècles et de pays; que chacun sortit du solitaire atelier d'un

artiste qui travailla peut-être dans
l'ignorance de tout autre sculpture,
créa son œuvre sans autre modèle
que la vie, la vie de la famille, et la
douceur et le poignant des relations
personnelles, des battements du
cœur, des yeux qui se rencontrent,
de la pauvreté, de la nécessité, de
l'espoir, et de la crainte. C'étaient là
ses inspirations, et ce sont là les
vérités qui retrouvent un *home* en
votre cœur et votre esprit. L'artiste,
en proportion de sa force, fera passer dans son œuvre son propre caractère. Il ne doit être en aucune
manière troublé ou retenu par son
matériel, mais, dans la nécessité où
il est de se communiquer, la pierre
devient de la cire dans ses mains et
permet une adéquate communica-
tion de lui-même dans toute sa sta-
ture et sa proportion. Il n'a pas
besoin de s'embarrasser d'une nature
et d'une culture conventionnelles ni
de s'informer de la mode à Rome ou
à Paris, mais cette maison, et ce
temps, et cette manière de vivre
que la pauvreté et le hasard de la
naissance ont faite à la fois si odieuse
et si charmante dans la cabine de

bois dépeinte, sur un coin d'une
ferme du New Hampshire, dans la
hutte au fond des bois, ou dans le
logement étroit où il a enduré les
contraintes et le sentiment de la
pauvreté citadine, serviront aussi
bien que toute autre condition comme
symbole d'une pensée qui découle
indifféremment de tout.

Je me souviens que dans mes
jeunes années, après avoir entendu
parler des merveilles de la peinture
italienne, je m'imaginais que les
grands tableaux seraient de grands
étrangers pour moi; quelque sur-
prenante combinaison de couleur et
de forme; une merveille inconnue,
des perles et de l'or venant de loin,
comme les lances et les étendards
de la milice qui brillent si follement
aux yeux et à l'imagination des éco-
liers. Je ne savais pas encore ce que
j'avais à voir et à acquérir. Quand
j'allai enfin à Rome, et que je vis de
mes yeux les tableaux, je trouvai
que le génie laissait aux novices le
gai, le fantastique, l'ostentation, et
que lui-même passait directement
au simple et au vrai; que c'était
familier et sincère; que c'était le

vieux, l'éternel fait que j'avais déjà
rencontré sous tant de formes, et
duquel je vivais ; que c'était le simple *vous et moi* que je connaissais si
bien, que j'avais laissé à la maison
dans tant d'entretiens familiers. J'ai
fait la même expérience dans une
église de Naples. Là je vis que rien
n'était changé pour moi sauf le lieu,
et je me dis : « Sot enfant, es-tu venu
jusqu'ici, traversant quatre milliers
de milles d'eau salée, pour trouver
ce qui était parfait devant toi à la
maison ? » Je retrouvai la même
chose à l'Academmia de Naples,
dans les salles de sculpture, et encore à Rome, et devant les peintures
de Raphaël, d'Angeli, de Sacchi, du
Titien, et de Léonard de Vinci.
« Quoi, vieille taupe ! travailles-tu
si vite sous la terre ? » Ce que je
m'imaginais avoir laissé à Boston
avait voyagé à mon côté, et était ici
dans le Vatican, et encore à Milan, à
Paris, et faisait de tous les voyages
un ridicule moulin-à-marcher. Je
demande maintenant ceci à toutes
les peintures : qu'elles m'apprivoi-
sent et non qu'elles m'éblouissent.
Les peintures ne doivent pas être

trop pittoresques. Rien n'étonne autant les hommes que le sens com-
mun et la simplicité. Toutes les
grandes actions ont été simples, et
toutes les grandes peintures le sont.

La Transfiguration de Raphaël en
est un éminent exemple. Une beauté
calme et bienfaisante y brille, et va
droit au cœur. Elle semble presque
vous appeler par votre nom. La
figure douce et sublime de Jésus est
au-dessus de tout éloge, et cependant comme elle désappointe les
imaginations aux fleurs vermeilles !
La sensation que donne cette conte-
nance familière, simple, au langage
énergique, est semblable à celle qu'on
éprouve en rencontrant un ami. Les
connaissances de ceux qui s'occu-
pent de peinture ont leur valeur,
mais n'écoutez pas leur critique
quand votre cœur est touché par le
génie. Cela n'a pas été peint pour
eux, mais pour vous ; pour ceux dont
les yeux sont touchés par la simplicité et les émotions sublimes.

Néanmoins nous devons terminer
en confessant franchement que les
arts, tels que nous les connaissons,
ne sont qu'initials. Notre meilleure

louange est pour ce qu'ils visent et promettent, non pour le résultat actuel. Il a compris petitement les ressources de l'homme, celui qui croit que le meilleur temps de production est passé. La réelle valeur de l'Iliade ou de la Transfiguration est dans leurs signes de puissance ; ce sont des vagues ou des rides sur l'eau du ruisseau de la tendance ; des indices de l'éternel effort pour produire que l'âme trahit même dans son plus mauvais état. L'art n'est pas encore arrivé à sa maturité s'il ne va pas de front avec les plus puissantes influences du monde, s'il n'est pas pratique et moral, uni à la conscience, s'il ne fait pas sentir aux pauvres et aux incultes qu'il s'adresse à eux d'une voix sublimement joyeuse. L'Art a une plus grande œuvre à accomplir que les arts. Ils ne sont que les premiers pas d'un instinct imparfait et vicié. L'art est le besoin de créer ; mais, dans son essence, immense et universel, il est impatienté de travailler avec des mains infirmes ou liées, et de faire des mutilés et des monstres comme sont toutes les peintures et statues.

Son but n'est rien moins que la création de l'homme et de la nature. Un homme devrait y trouver passage pour toute son énergie. Il ne peut peindre et sculpter que tant qu'il le peut. L'art devrait réjouir et jeter à bas le mur des circonstances de chaque côté, éveillant chez l'observateur la même sensation de rapport et de pouvoir universel que prouve l'œuvre de l'artiste, et son plus grand effet doit être de faire de nouveaux artistes.

Déjà l'Histoire est assez vieille pour rendre témoignage de l'ancien temps et de la disparition des arts particuliers. Celui de la sculpture a en réalité péri depuis longtemps. Originairement ce fut un art utile, une manière d'écrire, un souvenir sauvage de gratitude ou d'affection, et chez un peuple jouissant d'une merveilleuse perception de la forme cet art enfantin fut perfectionné jusqu'à la plus grande splendeur d'effet. Mais c'est le divertissement d'un peuple ignorant et jeune, et non le digne labeur d'un peuple sage et spirituel. Sous un chêne chargé de feuilles et de glands, sous un ciel aux

milliers d'yeux éternels je me sens,
dans un passage divin ; mais dans les
ouvrages de nos arts plastiques, et
spécialement la sculpture, la création
est reléguée dans un coin. Je ne
peux pas me cacher que la sculpture
a une certaine apparence de puéri-
lité folâtre, et de tromperie théâtrale.
La nature surpasse tous nos modes
de pensée et nous ne connaissons
pas encore son secret. Mais les galeries sont à la merci de notre humeur, et il y a un moment où elles
deviennent frivoles. Je ne m'étonne
pas que Newton dont l'attention est
habituellement tournée vers les pla-
nètes et les soleils, se soit demandé
ce que le comte de Pembroke trou-
vait d'admirable dans ces « poupées
de pierre ». La sculpture peut servir
à enseigner à l'élève combien profond est le secret de la forme, combien purement l'esprit peut traduire
ses pensées dans ce dialecte éloquent. Mais la statue semblera froide
et fausse devant cette activité toujours nouvelle qui demande à rouler
d'une chose à l'autre, et est impa-
tientée par les contrefaçons et les
choses inanimées. La peinture et la

sculpture sont la célébration et la fête
de la beauté. Mais le vrai art n'est
jamais fixe, mais toujours flottant. La
plus douce musique n'est pas dans
l'oratorio, mais dans la voix humaine
quand elle parle spontanément en
accents de tendresse, de vérité ou de
courage. L'oratorio a déjà perdu sa
relation avec le matin, le soleil, et la
terre, mais cette voix persuasive
est en harmonie avec eux. Toutes les
œuvres de l'art ne devraient pas
être des actions détachées, mais soudaines. Un grand homme est une
nouvelle statue dans chaque attitude
et chaque action. Une femme jolie
est un tableau qui rend tous les con-
templateurs noblement fous. La vie
peut-être lyrique ou épique aussi
bien qu'un poème ou une romance.

Si la loi de la création était véritablement annoncée par un homme
qui en fut digne, l'art s'élèverait au
royaume de la nature, et son existence séparée et opposée serait
anéantie. Les sources de l'invention
et de la beauté de la société moderne
sont desséchées. Un roman populaire, un théâtre, ou une salle de bal
nous font sentir que nous sommes

tous des indigents dans les hospices
de ce monde, sans dignité, sans savoir, ni industrie. L'art est aussi
pauvre et bas. L'antique nécessité
tragique, inscrite au front même des
Vénus et des Amours de l'antiquité,
fournit la seule apologie de l'intru-
sion de personnages aussi anormaux
dans la nature, — savoir, qu'ils
étaient inévitables; que l'artiste était
enivré de la forme, passion à laquelle
il ne pouvait résister, et qui s'exha-
lait en ces belles extravagances, —
mais la Nécessité ne revêt plus de
dignité le ciseau ou le crayon. Maintenant l'artiste et le connaisseur
cherchent dans l'art l'exhibition de
leur talent, ou un asile contre les
maux de la vie. Les hommes ne sont
pas contents d'eux, et ils se réfugient
dans l'art, et expriment leurs meilleurs sentiments dans un oratorio,
une statue, ou un tableau. L'art fait
le même effort que fait la prospérité
bien nourrie, savoir, de détacher le
beau de l'utile, d'abattre la besogne
comme inévitable, et, la haïssant,
passer au plaisir. Ces soulagements
et ces compensations, cette séparation du beau de l'utile, les lois de la

84

nature ne les permettent pas. Aussitôt que la beauté est cherchée, non
dans la religion et l'amour, mais
pour le plaisir, elle dégrade celui qui
la cherche. La grande beauté ne peut
plus être atteinte par lui avec la toile
ou la pierre, le son ou la construc-
tion lyrique ; une beauté efféminée,
prudente, maladive, qui n'est pas la
beauté, est tout ce qui peut être produit ; car la main ne peut jamais
exécuter plus que le caractère ne
peut inspirer.

L'art qui sépare ainsi est lui-même
séparé le premier. Il ne doit pas être
un talent superficiel, mais il doit
sortir du plus profond de l'homme.
Maintenant les hommes ne trouvent
pas la nature belle, et ils veulent
faire une statue qui le soit. Ils abhor-
rent les hommes comme étant fades,
stupides, inconvertibles, et se con-
solent avec des couleurs et des blocs
de marbre. Ils rejettent la vie comme
prosaïque, et créent une mort qu'ils
appellent poétique. Ils expédient les
ennuis du jour, et volent à de molles
rêveries. Ils mangent et boivent, pour
exécuter l'idéal ensuite. Ainsi l'art
est vilifié ; le nom en communique

à l'esprit son sens mauvais et secon-
daire ; il se présente à l'imagination
comme quelque chose de contraire
à la nature, et frappé de mort dès le
commencement. Ne serait-ce pas
mieux de partir de plus haut, — de
servir l'idéal avant de manger et de
boire ; de servir l'idéal en mangeant
et en buvant, en respirant, et dans
toutes les actions de la vie ? Il faut
que la Beauté revienne aux arts
utiles, et que la distinction entre eux
et les beaux arts s'oublie. Si l'histoire
était véritablement racontée, si la vie
était noblement dépensée, il ne serait
plus facile ou possible de les distin-
guer les uns des autres. Dans la nature, tout est utile, tout est beau.
Cela est beau parce que cela est en
vie, mouvant, reproductif ; cela est
utile parce que cela est symétrique
et beau. La beauté ne viendra pas
sur commande, ni ne répétera-t-elle
en Angleterre ou en Amérique les
mêmes choses qu'en Grèce. Elle
viendra, comme toujours, sans être
annoncée, croissant sous les pas
d'hommes braves et sincères. C'est
en vain que nous cherchons à ce
que le génie réitère ses miracles d'art

ancien; c'est son instinct de trouver
la beauté et la sainteté dans le nouveau et le nécessaire, dans le champ
et le bord de la route, la boutique et
le moulin. Procédant d'un cœur religieux il exhaussera la voie ferrée, le
bureau d'assurance, la compagnie
des fonds communs, notre loi, nos
assemblées, notre commerce, la bat-
terie galvanique, l'électricité, le
prisme, et la chimie à un emploi
divin, tandis que nous n'y voyons
maintenant qu'un intérêt économi-
que. L'égoïste et même cruel aspect
de nos grand travaux mécaniques —
moulins, chemins de fer, et machi-
nes — ne vient-il pas des impulsions
mercenaires auxquelles ils obéissent?
Quand ses messages sont nobles et
divins, un bateau à vapeur passant
sur l'Atlantique de l'Ancienne à la
Nouvelle Angleterre et arrivant au
port avec la ponctualité d'une pla-
nète, est un pas de l'homme vers
l'harmonie avec la nature. Le bateau
de Saint-Pétersbourg qui longe la
Léna sous l'influence du magnétisme
manque de peu de chose pour être
sublime. Quand la science s'appren-
dra dans l'amour, et que ses pou-

voirs se manieront par l'amour, elle
apparaîtra comme le supplément et
la continuité de la création.

TABLE

DES

MATIÈRES

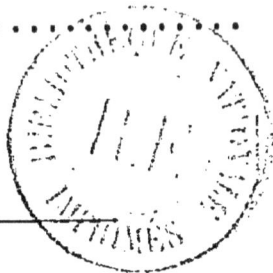

www.ingramcontent.com/pod-product-compliance
Lightning Source LLC
Chambersburg PA
CBHW052151090426

42741CB00010B/2222